EXCUSEZ-MOI D'ÊTRE FRANÇAIS

Du même auteur

Histoire paradoxale de la IVe République, Grasset, 1954.
Les Greniers du Vatican, Fayard, 1960.
Voyage au pays de Jésus, Fayard, 1965.
Le Sel de la terre, Fayard, 1969.
Dieu existe, je L'ai rencontré, Fayard, 1969.
La France en général, Plon, 1975.
Il y a un autre monde, Fayard, 1976.
Les Trente-six Preuves de l'existence du diable, Albin Michel, 1978.
L'Art de croire, Grasset, 1979.
Votre Humble Serviteur, Vincent de Paul, Le Seuil, 1981 (réédition).
La Baleine et le Ricin, Fayard, 1982.
La Maison des otages, Fayard, 1983 (réédition).
« N'ayez pas peur ! » dialogue avec Jean-Paul II, Laffont, 1983.
L'Évangile selon Ravenne, Laffont, 1984.
Le Chemin de la Croix, Desclée de Brouwer/Laffont, 1986.
« N'oubliez pas l'amour », La passion de Maximilien Kolbe, Laffont, 1987.
Le Crime contre l'humanité, Laffont, 1987.
Le Cavalier du quai Conti, Desclée de Brouwer, 1988.
Portrait de Jean-Paul II, Laffont, 1988.
Dieu en questions, Desclée de Brouwer/Stock Laurence Pernoud, 1990.
Le Monde de Jean-Paul II, Fayard, 1991.
Les Grands Bergers, Desclée de Brouwer, 1992.

André Frossard
de l'Académie française

Excusez-moi d'être Français

FAYARD

Excusez-moi d'être français. C'est une mauvaise habitude que j'ai prise depuis que j'ai vu le jour — façon de parler, je n'ai rien vu du tout — et dont je n'ai jamais réussi à me corriger.

Je sais ce qu'elle peut avoir de fâcheux. Les journaux britanniques, et d'autres aussi, se chargent régulièrement de me le rappeler : je suis égoïste, vaniteux, servile, cocardier, incivique, inapte aux grandes affaires, hargneux, indiscipliné, bavard, intempérant, je ne sors de chez moi que pour courir après la gloire, qui me fuit, houspiller le gouvernement ou promener mon chien ; je dévore les grenouilles, et mes hontes en même temps, car j'appartiens au peuple le plus rossé et souvent le plus déculotté de la terre. Excusez-moi.

Avec un peu de chance, j'aurais pu naître allemand, américain, japonais, russe (avant l'année dernière, toutefois) ou encore anglais, que sais-je ? Ce ne sont pas les peuples forts qui manquent.

Allemand, j'aurais vécu au moins deux fois dans le siècle des heures exaltantes et wagnériennes, puis je me serais radouci, je serais bon social-démocrate, bon chrétien-démocrate, bon en tout, je prendrais de plus en plus de poids, sans mauvaise graisse, et j'achèterais la Russie au détail, après avoir échoué à la rafler en gros. Je verrais les petits pays d'Europe centrale, et d'autres, tourner autour de moi comme par un effet de la gravitation universelle, ou comme les électrons autour de leur noyau. Enviable situation.

Américain, je disposerais d'un territoire immense, repris aux Indiens dont j'aurais conservé quelques échantillons à l'intention des ethnologues, et ma puissance économique, longtemps fortifiée par l'avantageuse pratique de l'esclavage, émerveillerait le monde qui affecterait de mépriser ma culture et se réfugierait volontiers sous mes ailes en cas de nécessité, cas fréquent. Riche, nul ne pourrait prétendre que je n'ai pas les moyens de ma politique ; j'aurais au contraire plus de moyens que de politique, et je jouerais sur la terre le rôle qui fut celui de Rome autrefois, disant le droit et veillant sur la paix. Magnifique.

Japonais, mon activité, mon génie industriel et commercial étonneraient l'univers. Sur mon long et remuant ponton fumant et trépidant, je travaillerais le jour, je travaillerais la nuit, ne prenant de repos que pour mieux travailler encore, sans jamais me poser l'effrayante question qui est à l'origine de toutes les angoisses métaphysiques et de tous les fléchissements de la production, la question « Pourquoi ? », qui me précipiterait dans la dépression nerveuse, et le Japon avec moi. Chance.

Russe, j'aurais été fort malheureux, sans nul doute, mais j'aurais eu la consolation de faire trembler le monde pendant un demi-siècle, et le plaisir de recevoir l'hommage des plus belles intelligences du temps, émerveillées par le génie moustachu de mon maître, ravies d'avoir enfin découvert une religion athée à substituer au vieux christianisme, et qui traînent, depuis la dislocation impromptue de mon système, l'existence désœuvrée du sacristain privé de ses burettes. Ma situation actuelle ne serait pas très enviable, c'est vrai, mais j'aurais eu mon heure de gloire. Ce n'est pas rien.

Anglais... Mais ne rêvons pas. Il n'est pas plus à la portée d'un simple mortel de naître anglais que de naître Habsbourg ou Cantacuzène. On ne peut être anglais que par ce décret de la Providence qui dispose tout naturellement l'indigène des Iles à croire à la prédestination.

Est anglais qui peut.

Est français qui veut.

Toute la différence est là.

Elle est considérable, essentielle, et explicative.

Il est arrivé souvent, il arrive encore qu'un individu quelconque d'un pays quelconque, mais pauvre — la précision est importante — se sente des points communs avec moi, Français, qui crois bien n'en avoir avec personne. Il est né sous d'autres étoiles, sous un autre climat, dans une autre culture, une autre religion ; ses chevaux sont des zèbres, ses chats des panthères, ses platanes des palmiers ; ses souvenirs ne sont pas mes souvenirs, la colonisation française n'a jamais planté son drapeau chez lui, et pourtant on l'entend parfois, subitement pris de folie, crier « Vive la France » sur un pic de sa cordillère, ou sur un rocher de sa Patagonie.

Voilà un bien grand mystère.

Pourquoi cet homme, qui la plupart

du temps ne parle pas ma langue, n'a pas lu mes auteurs, ne connaît pas mieux mon histoire que je ne la sais moi-même, lance-t-il au vent de la mer ou des montagnes ce cri qui ressemble à un appel ?

« Il n'y a pas d'orgueil à être français », dit Bernanos.

De supériorité non plus.

Mon histoire, je veux dire notre histoire politique n'est pas plus brillante qu'une autre. J'ai vécu longtemps sous une monarchie sacralisée par l'Église, où la source du pouvoir était dans le ciel et faisait fleurir les lis de l'emblème français, symbole végétal unique dans la ménagerie héraldique des royaumes d'Europe. Il y avait de la théologie dans mon système, et l'on ne pouvait le faire évoluer sans tomber dans le schisme ou l'hérésie, si bien que, les temps de la démocratie étant venus, il m'a fallu renverser ensemble et le trône, et l'autel. Je l'ai fait en versant beaucoup de sang, injustement, je le confesse, inutilement, je le reconnais. Je me repens de la Terreur, des massacres, de cette guillotine à laquelle j'ai livré mes meilleurs amis. A l'inverse de telle dame ministre interpellée sur l'affaire des transfusions sanguines et qui se déclarait « responsable, mais pas coupable », je me sens coupable, mais pas responsable de tout ce qui s'est commis de criminel ou d'indécent dans l'histoire de mon pays.

Si j'étais anglais, j'aurais évité habilement cette rupture violente avec mon passé. Dès la fin du XIe siècle, encore revêtu de l'armure de Hastings, je me serais préoccupé de réduire l'autel à l'état de marchepied du trône, et de domestiquer mes évêques, entreprise ardue que j'aurais fini par mener à bien au XVIe siècle, où j'aurais fait de l'Église la septième femme de Henri VIII. Chemin faisant, j'aurais acquis le goût de la tradition, qui met les idéologies hors jeu, et d'avoir assujetti la religion au trône m'aurait donné un sens extraordinaire des conventions, qui sont l'art d'adoucir les exigences de la raison, si bien que j'aurais réussi, tradition et conventions aidant, à combiner sans trop de secousses la monarchie et la démocratie parlementaire. Après deux ou trois siècles de balbutiements, je me serais composé une langue pleine de poésie maritime et marchande, où se font entendre des sonorités étouffées de trompe marine et d'exquis friselis de vaguelettes, une langue que je parlerais en m'imitant moi-même avec délices, et qui aurait donné au monde l'un de ses trois plus grands poètes, l'égal d'Homère et de Dante, qu'il n'est point besoin de nommer, l'un de ces artificiers de génie qui éclairent notre nuit en accélérant la rotation des nébuleuses ou en provoquant des collisions d'étoiles. Pratique, pragmatique, réaliste, versé en toute science exacte ou approximative, par surcroît doué d'humour, cet ornement de l'esprit qui serait ma manière à moi de prendre congé du monde, j'aurais dominé la terre depuis la fin du XVIIIe siècle jusqu'au début du XXe. J'aurais appris dès l'enfance qu'il n'y a rien au-dessus de l'Angleterre, pas même le ciel, régi par la Couronne, posée parfois sur les cheveux de l'une ou l'autre de ces femmes qui chez moi sont reines, ou rien. Mon seul regret serait de n'avoir jamais trouvé, ici-bas, un seul peuple avec lequel lier conversation.

Las ! Je ne suis pas anglais. Ma poésie est dans ma prose, où nul ne songe à l'aller chercher, et au vertigineux Shakespeare je n'ai à opposer que quelques pages de Blaise Pascal sur la sublime fragilité de la condition humaine, qui est la mienne. Misère ! Que la bonne Vierge Marie, qui vient chez moi plus souvent qu'ailleurs, me prenne en sa douce pitié.

Si j'étais allemand (je cède encore une fois au péché d'envie), une terre souvent blême et froide, des horizons indécis, l'obscurité de mes forêts m'inciteraient à rêver, et je rêverais comme personne au monde. Je voyagerais hardiment dans l'empire nocturne de la musique, qui s'étend jusqu'aux limites inconnues de l'univers, et je formerais des songes métaphysiques étonnants dont les nuages mêlés à mes fumées industrielles planeraient encore aujourd'hui sur l'Occident. Pour me reposer, j'inventerais des contes terrifiants qui pousseraient les enfants à chercher précipitamment refuge dans le sommeil. J'aurais l'esprit scientifique, l'esprit de système, mais le mien, quel serait-il ? Mon drame serait que, pouvant être tant de choses, je ne saurais qui je suis. Un ange, me diraient mes violons ; un dieu, gronderaient les dragons enfermés dans mes cuivres ; une Idée qui a pris racine dans la Forêt-Noire ? Un ogre en culottes courtes et chapeau tyrolien ?

Bon. Laissons cela, je ne suis que français.

J'habite un pays de rêve, mais je ne rêve pas.

Et je sais qui je suis.

Je vais vous le dire, après quelques détours. Il n'est pas si simple de définir un peuple qui tient à ses contradictions et prend soin de donner, à chacune, la part de représentation proportionnelle qui lui revient, à son idée, de droit.

Français, j'ai mes défauts, ils sont connus, je ne les nie pas. Mais n'oublions pas les autres, je les ai aussi. C'est même la grande variété de mes défauts qui m'empêche d'être mauvais.

Car ils m'obligent, pour les satisfaire, à les corriger l'un par l'autre, l'avarice par la prodigalité, l'orgueil par le défaitisme, la vanité par la bassesse qui tantôt me pousse à la soumission, tantôt à la révolte.

Et peut-être est-ce le secret de ma popularité universelle. Car il n'est aucun peuple au monde qui éprouve devant moi le douloureux sentiment d'une infériorité quelconque, et il n'en est aucun qui ne reconnaisse, chez moi, l'une ou l'autre des faiblesses qui sont les siennes.

Les journaux britanniques auront beau faire, ils ne diront jamais autant de mal de moi que j'en pense moi-même, et que j'en dis au café, en famille, dans mes propres journaux ou en voyage.

Je ne cache rien de mes travers, de mes insuffisances, de mes fautes politiques ou morales. Je ne les confesse pas, nulle absolution n'étant à espérer ; je les constate pour en dresser procès-verbal, à classer sans suite. On me lit couramment, je ne chiffre pas mon langage. Je dis tout, vieille habitude. Voyez plutôt les chapiteaux de mes églises romanes avec leurs chimères, leurs diablotins farceurs, leurs personnages grotesques aux postures indécentes et leurs figures de cauchemar surgies de l'obscur marécage de mes profondeurs comme les fantasmes d'une première psychanalyse, la seule d'ailleurs qui ait donné d'indiscutables résultats, tous ces petits monstres de pierre logés sous l'abaque supportant la voûte de l'édifice, et l'expression du mal contribuant ainsi, finalement, à la consolidation du bien.

Mon subconscient n'est peut-être pas le moins chargé, mais il est sûrement le mieux déchargé du monde.

C'est vanité que de parler ainsi, je le sais bien, mais l'exposé de mes imperfections serait moins convaincant si je n'y ajoutais l'ornement de quelques dons, parmi ceux qui furent les miens au temps jadis.

J'ai façonné autrefois de mes mains rugueuses la maçonnerie cistercienne, l'art le plus pur que l'on ait vu depuis que les Grecs ont abandonné le dessin. Les beaux coffres à prières abritaient l'un des deux ordres les plus austères de la chrétienté, tous deux réformés ou fondés, disons acclimatés chez moi, l'un par l'Anglais Étienne Harding (je n'étais point xénophobe), l'autre par le Rhénan Bruno (l'Europe n'avait point de statut, si bien que j'étais européen de la manière la plus naturelle du monde) : la Trappe, c'est-à-dire l'ordre de Cîteaux où, Gaulois intarissable et aussi avide de nouvelles qu'un Athénien en son temps, je me suis imposé un tel silence que Chateaubriand m'a cru mort, ou tout comme ; la Chartreuse, où l'être léger que je suis, paraît-il, s'est allégé encore dans le dépouillement radical de la vie contemplative.

Je n'en suis pas à une contradiction

près : inconstant — telle est ma réputation — j'ai prononcé des vœux perpétuels dans les pénitenciers de la grâce que j'ai ouverts au pays du bon vin ; frivole — on le dit — j'ai fait régner l'absolu dans ma maison.

Vers la même époque, j'ai légiféré sur l'amour courtois, brève intrusion de la poésie dans un domaine qui sent aujourd'hui son terrain vague, et sur l'esprit de la chevalerie, contraire à toutes les pratiques de la guerre moderne qui méprise le faible, tue les enfants, laboure les villes, ne fait point de prisonniers sur parole et ne sait plus rien de l'honneur, qui fut longtemps, sur cette terre, comme un souvenir de ces premiers âges où nous venions d'apprendre que nous étions faits à l'image de Dieu.

De mes mains encore, entre deux batailles perdues, j'ai dressé devant mes voisins surpris, ou agacés, la verticale gothique, cette manière impatiente de lancer des cailloux dans les vitres du ciel, comme le galant sous le balcon qui cherche à réveiller la belle endormie ; j'ai fait tenir en équilibre, sur un point d'appui à peine plus grand que l'ongle du pouce, les superpositions féeriques du mont Saint-Michel, et les étincelles bleues de mon brasier médiéval brillent encore dans mes vitraux. Faut-il l'avouer ? Je considère mes œuvres d'art avec une vive sympathie. J'aime le sanglot brisé de la *Pietà* d'Avignon, ou, à l'autre bout de mon registre, les séductions tempérées de *l'Enseigne de Gersaint*.

Je sais, je sais. L'homme ne vit pas que de pierres, de fanfreluches et de verre colorié, il ne se nourrit pas seulement de cette pâte à papier dont j'ai fait grande consommation durant les deux siècles que l'histoire m'a confiés, le XVIIe et le XVIIIe, qui m'ont vu enseigner les lettres, le goût, qui est à la vie en société ce que la proportion est à l'architecture, la morale aussi, car je suis moraliste de père en fils, la morale est mon jardin et je l'aime, elle aussi, rectiligne et sans détours.

Vous avez raison, vous avez raison. Excusez-moi. Je ne me suis attardé à mettre en évidence quelques-unes de mes réussites que pour m'encourager à poursuivre l'énumération de mes défaites, si éclatantes, si peu contestées par mes historiens qu'elles ont fini par me valoir, dans le monde, une popularité que seules mes victoires, par chance assez rares, auraient pu compromettre.

Je sais, je sais. L'homme a besoin de pain, et mes pauvres en ont manqué souvent, tandis que mon aristocratie vivait dans la beauté, au bout de leurs champs de misère. L'homme a besoin de justice, et si je l'ai souvent réclamée, je l'ai rendue rarement.

Je sais, je sais. J'ai promis de dire ce que suis et je vais le faire, encore que la tournure de ce petit examen de conscience suffise peut-être à le montrer.

Je suis chrétien.

Non pas bon chrétien, certes, ma vanité n'est jamais allée jusque-là. Chrétien ordinaire, simple, vulgaire et tourmenté, hésitant, peu sûr de soi, des autres non plus, chrétien de cette espèce commune qui abandonne son maître le Vendredi, et pleure le lendemain, mais chrétien avant tout, si avant, d'ailleurs, qu'il m'arrive de l'oublier.

Je l'ai toujours été. Je l'ai été dès les débuts du christianisme, dès que les saintes Marie eurent posé le pied sur mon littoral, événement que l'on qualifie de légendaire, ce qui l'accrédite fortement à mes yeux. Car à la différence de l'histoire, la légende n'invente rien. C'est un souvenir de l'âme mis en fable par la mémoire ; la légende vit dans l'absolu, l'histoire dans l'accidentel, l'une grandit l'être humain, l'autre aurait plutôt tendance à le rapetisser ; à chacun son choix, et sa destinée.

J'ai été chrétien bien avant d'être français. Je l'ai été d'instinct, ne fût-ce que pour contrarier le Romain qui me gouvernait, m'encombrait de sa collection de divinités, déplaisantes comme une police supplétive, et qui, non content de me dominer, y ajoutait l'humiliation de me civiliser. C'est ce qui m'a donné ce tempérament d'éternel opposant auquel je cède même quand je suis au pouvoir.

Soyons équitable, si coûteux que ce puisse être. Le Romain m'a appris le droit, que j'ai mal retenu, et son admirable langue, que je n'ai jamais su parler correctement, mais que j'ai transformée peu à peu pour en faire l'instrument préféré de la raison. Je ne le nie pas, l'anglais a plus de charme, avec l'auréole d'imprécision de ses mots qui brillent comme des réverbères dans le brouillard ; l'allemand se chante mieux, l'italien roucoule à ravir, l'espagnol, parler sublime, a des rudesses à trancher le roc, des reflets d'or pur et des murmures de filet d'eau sous les feuilles ; mais le français, avec sa pauvreté, l'ordre immuable de sa construction et son refus de donner la parole à l'indéfinissable, a la particularité d'avoir un style, ce qui explique assez bien qu'il ait perdu son universalité d'autrefois.

Chrétien, je l'ai toujours été, de différentes façons, il est vrai, mais avec une persévérance historique tout à fait remarquable.

Pour ne pas remonter à Adam et Ève, encore qu'il y ait toujours grand intérêt à le faire quand on veut comprendre quelque chose, j'ai été tout d'abord un chrétien de l'attente de Dieu, du retour imminent du Christ, et je me tenais prêt, que ce soit de jour, que ce soit de nuit, à entrer dans la nouvelle terre et sous les nouveaux cieux annoncés par l'Évangile. A vrai dire, cette nouvelle terre, ces nouveaux cieux, j'y vivais déjà par la pensée, comme le montrent ces anciennes et rares images où les personnages de l'autre monde et ceux de celui-ci vivent ensemble sans que ni les uns ni les autres ne semblent dépaysés. Puis les temps barbares sont venus, le ciel s'est envolé avec ses habitants, la terre passablement dévastée est devenue un lieu d'épreuve ou d'expiation, une « vallée de larmes » menant au crucifix qui clôt, encore aujourd'hui, la perspective de mes églises. Au Moyen Age, j'ai été un chrétien passionné, capable de tous les excès, dans le péché ou dans la pénitence, et je me suis rué en Terre sainte pour délivrer le tombeau du Christ comme si j'avais oublié que, selon ma foi, ce tombeau était vide.

Par la suite, j'ai été un chrétien du genre plutôt gourmé, et j'ai ouvert des écoles de spiritualité comme on ouvre des écoles d'équitation où l'on apprend à bien tenir en selle, à sauter l'obstacle et à tourner en rond dans le manège des commandements et des exercices. Mon christianisme n'avait rien de social, grave lacune que le génie bienfaisant d'un saint Vincent de Paul ne pouvait suffire à combler. Vint le Siècle des lumières, qui m'a éteint. Les philosophes m'ont expliqué que la religion était une affaire trop sérieuse pour la confier à un Dieu, et ils l'ont transférée intégralement à la raison, qu'ils ont bourrée de théologie sécularisée avant d'asseoir une déesse dessus. Mais je restais chrétien, je continuais à marier ma fille à l'église, et ma morale ne différait pas tellement de celle de saint Augustin, encore que je fusse enclin à croire au péché originel un peu plus qu'à la rédemption.

Sous la Révolution j'étais toujours chrétien, bien que j'aie manifesté, durant cet orage de verbe et cette pluie de piques, une tendance fâcheuse à décapiter mon prochain. Oui, il est vrai que j'ai guillotiné des religieuses, poursuivi et massacré des prêtres, mais c'était, voyez-vous, que je me croyais meilleur chrétien qu'ils ne l'étaient, grave erreur dont certain petit caporal m'a fait revenir en courant sous la mitraille. Tandis que je révolutionnais à outrance, mes valeurs étaient encore des valeurs chrétiennes, mais, détournées qu'elles étaient de la fin surnaturelle qui leur donne la vie, la couleur et le mouvement, elles se sont rapidement fanées entre mes mains. Je les ai tout de même conservées, un peu comme on glisse des fleurs séchées entre les pages d'un livre, durant tout ce XIXe siècle où j'ai remplacé l'esprit par la vapeur. J'avais complètement oublié les promesses de mon baptême, mais ma morale chrétienne restait d'autant plus intacte que je n'y touchais pas plus souvent qu'aux vieux sabres suspendus dans mon vestibule ; je ne demandais guère à l'Église que de me conserver une épouse fidèle et des enfants obéissants.

Chrétien, je n'ai jamais cessé de l'être, et je l'étais encore après avoir solennellement déclaré que je ne l'étais plus. Le reproche le plus lourd que mon athéisme irrité ait adressé au catholicisme est d'avoir été infidèle à l'Évangile.

Chrétien, ce qui est à peu près la même chose que d'être français — excusez-moi —, je me vois forcé de prendre en compte toute l'histoire de mon pays, sans en excepter les malheurs, ni, s'il y en a, les crimes.

Je l'ai dit dès la première page de ce petit livre : bien que je n'en sois pas responsable, je me sens coupable de tout le mal qui s'est fait chez moi depuis les temps les plus anciens. J'ai honte d'avoir regardé passer, comme si cela ne me concernait pas, le cortège des Templiers menés à l'abattoir ; honte d'avoir abandonné Jeanne à des juges indignes d'un seul de ses regards, fût-il distrait ; honte de la Saint-Barthélemy et des dragonnades, de la destruction du Palatinat, du martyre infligé en mon nom à Marie-Antoinette dans la tour du Temple, honte de la répression de la Commune, honte d'avoir fait le cheval devant la calèche du général Boulanger, honte d'avoir envoyé Dreyfus à l'île du Diable, et de l'avoir condamné une deuxième fois en le sachant innocent, iniquité totalement inconnue jusqu'alors, espèce de sacrifice humain dédié à la raison d'État ; rien de ce qui peut faire honte, vous dis-je, ne m'est étranger.

Ce n'est pas moi, dites-vous ? Que faites-vous de la communion des saints, qui vaut pour la faute comme pour le salut, et que son éternité fait rétroactive ?

Mais j'ai maintenant à considérer des hontes plus proches de nous, et qui mettent en cause la justice, la morale, le droit, la mémoire et le pardon.

La France et la justice se sont rencontrées un jour sous le chêne de saint Louis ; depuis, on ne les a jamais revues ensemble.

Je parlais autrefois de *bonne et prompte justice*, et je pendais beaucoup, dans la conviction où j'étais, qu'en hissant le condamné vers les cieux, je hâtais sa comparution en appel. Je l'avais auparavant soumis à la torture dite ordinaire, extraordinaire ou préalable, de manière à obtenir de ces aveux qui sont toujours plus longs à arracher aux innocents qu'aux coupables, les innocents ne prenant connaissance des faits qu'à la faveur de l'interrogatoire. Pour m'excuser des erreurs de ma *bonne et prompte justice*, je disais volontiers que *la justice est humaine, donc faillible*, grande vérité, mais faible consolation pour le justiciable qui a, parfois, l'occasion de constater que la justice est faillible sans être humaine pour autant.

J'ai abandonné très tard cette pratique de la question ; ce fut pour inaugurer ce fameux *tribunal révolutionnaire*, qui ne se proposait nullement de rendre la justice, mais de résoudre par la mort les contradictions de l'homme et de la société, mission remplie avec une rigoureuse exactitude et jusqu'à leur propre suppression physique par des juges emplumés comme des corbillards.

Ce tribunal funèbre, auprès duquel l'Inquisition elle-même pourrait passer pour une institution philanthropique, a servi de modèle à tous les tribunaux

dits « populaires » qui se sont succédé depuis dans les enfers totalitaires ; il n'y a nulle vanité à en tirer, je le sais, et je m'en garde. Il y avait, comme toujours chez moi, de la religion dénaturée dans cette affaire. Le péché originel ayant été aboli par décret philosophique, l'homme naissait bon, et ce n'était point la société, c'était sa conscience propre qui le rendait mauvais dans la mesure où elle ne s'évanouissait pas dans la conscience universelle, entité surnaturelle pour lors incarnée dans la Nation. Et comme la conscience individuelle est la chose du monde la plus répandue, toute la France était passible du tribunal révolutionnaire et tout citoyen pouvait être condamné, sauf à faire la preuve de son inconscience ; ainsi Marat fut-il acquitté pour n'avoir cessé de réclamer des têtes, et encore des têtes, preuve de son dévouement à la volonté générale, qui exige la disparition des individualités. Cette idée a été reprise et développée dans toutes les tyrannies idéologiques ; j'ai bien du regret de la leur avoir fournie.

J'en ai tout autant à convenir que mon pays n'a jamais été à proprement parler un État de droit avant de devenir un État de passe-droits. J'ai cité plus haut quelques-unes de mes malfaçons judiciaires. J'aurais pu y ajouter ce que les livres d'histoire persistent à appeler le procès de Louis XVI, qui ne fut pas un procès, comme Robespierre devait le souligner lui-même dans sa fameuse apostrophe à l'Assemblée réunie en haute cour : « Ceci n'est pas un tribunal, dit-il, et vous n'êtes pas des juges, mais des hommes d'État qui ont à prendre une décision politique ; car si vous étiez des juges, vous pourriez acquitter Louis, et si vous l'acquittiez, que deviendrait la Révolution ? » Impossible de mieux dire. Aussi tous nos tribunaux politiques ont-ils fonctionné depuis sur ce même principe qui fonde la culpabilité d'un homme sur l'inconvénient qu'il y aurait à le déclarer innocent. A vrai dire, je ne crois pas avoir inventé la méthode, mais je l'ai mise en forme, énoncée en clair, brièvement, à la française.

Chrétien conscient ou inconscient, chrétien de conviction — espèce peu tapageuse, pour le moment — ou chrétien antichrétien, anticlérical et athée — variété fort répandue en France —, j'ai toujours introduit la théologie partout, et plus encore depuis que je l'ai chassée de mes écoles.

Il y avait, je l'ai dit plus haut, de la théologie dans l'architecture simplifiée de mon Ancien Régime : on était roi de droit divin, et ce n'était pas une figure ; ma grande Révolution avait sa théologie du salut de l'homme par l'homme dans la Nation divinisée ; par la suite, j'ai sacralisé la démocratie, interdisant à quiconque, sous peine d'excommunication majeure, non pas seulement de mettre en doute, mais encore de s'interroger sur ses principes, qui ont ceci de commun avec les articles de foi qu'ils règlent plus souvent le discours que la pensée.

Ma justice politique damne plus qu'elle ne condamne, et elle béatifie plus qu'elle ne relaxe, quand cette faiblesse la prend. En tout cas elle n'obéit à aucun code, et elle s'imagine qu'elle siège dans les cieux.

Mais, tout laïque résolu que je peux être, j'ai mis de la théologie jusque dans ma justice ordinaire, qui ne juge pas les actes, mais les intentions, ni les faits, mais les personnes. Elle cherche à savoir si l'accusé est un diable authentique à renvoyer à son maître, ou un ange tombé à la suite d'une glissade malencontreuse ; elle juge les âmes, elle s'y évertue du moins, et tous ses jugements anticipent sur le Jugement dernier. Quand, pour se décharger de quelque méprise, elle nous dit qu'elle n'est qu'humaine, personne ne la croit.

J'ai mentionné quelques méchants procès d'autrefois ; mais j'ai de mauvais souvenirs, plus récents. Les « sections spéciales » de Vichy, constituées tout exprès pour envoyer à la mort, à la mort sans appel, sans délai ni remise, après un simulacre d'audience, de pauvres gens tout au plus en infraction légère avec les règlements de police du régime, est une ignominie dont je ne me console pas qu'elle ait été commise chez moi. Il s'agissait, paraît-il, de jeter quelques victimes à l'occupant, de crainte qu'il ne se servît lui-même et n'en dévorât davantage : c'est l'excuse habituelle de ceux qui ont à désigner des otages, et à qui l'idée ne vient jamais de se porter sur la liste. Le procès de Riom n'a pas été une injure aussi sanglante à la justice, mais il y avait de l'extravagance à accuser des ministres de la République d'avoir mal préparé la guerre, sous les yeux de l'ennemi victorieux : aussi fallut-il interrompre les débats, aussitôt suivis d'une décision d'internement prononcée par le chef de l'État formé tout seul en tribunal ; c'était odieux, mais ce n'était rien auprès de la lâcheté avec laquelle les internés, parmi lesquels Léon Blum, Daladier, Paul Reynaud, furent abandonnés à l'occupant sitôt que celui-ci se présenta pour en prendre livraison.

Soyons équitables. Après la guerre,

les procès de la Libération ne furent pas des modèles de droit appliqué.

Certes, les tribunaux d'épuration avaient l'avantage de soustraire les suspects aux aléas de la chasse à l'homme ouverte dans toutes les provinces, mais il était peu satisfaisant pour l'esprit de voir siéger, dans certaines cours de justice, des magistrats qui avaient prêté serment de fidélité au maréchal Pétain. Il s'agissait, nous dit-on, de l'un de ces faux serments qui n'engagent que ceux qui les exigent, et il n'y avait pas là de quoi disqualifier un tribunal, surtout un tribunal d'exception. De même fûmes-nous invités à trouver naturel que les jurés vinssent de la Résistance, et que le glaive de la justice fût mis entre les mains des plaignants. Il y avait, à l'époque, quelque désordre dans les usages.

Cependant, qu'il soit éloigné ou qu'il

soit proche, mon passé français m'amène à penser qu'en dépit de ma tête cartésienne, je ne me fais pas une idée claire et distincte de la justice, et je crains que l'affaire Touvier ne me fournisse une occasion de renouveler ce pénible constat.

Que de juges, mon Dieu, que de juges dans ce pays qui juge si mal !

Chacun a son prétoire, lance ses citations à comparaître devant l'histoire, c'est-à-dire devant lui-même, et envoie au moins moralement ses adversaires au bagne ; juché sur son tonneau, Jean-Paul Sartre flétrissait « les salauds », dont la tourbe recouvrait au moins la moitié des terres émergées. Dans le même temps, il interdisait l'accès de sa revue « aux condamnés à mort », sans se préoccuper des motifs de la condamnation ; vous étiez condamné, cela lui suffisait : Socrate n'aurait pu écrire chez lui.

Sartre se croyait pur, et ses admirateurs le croyaient de gauche, phénomène de berlue collective dont il a été le bénéficiaire pendant vingt ans, ou plus ; il n'avait pas cette espèce de compassion inquiète pour le genre humain qui fait l'homme de gauche, c'était un petit-bourgeois pris dans la barbe de Karl Marx. A droite, les intellectuels préfèrent se faire accroire qu'ils répandent une odeur de soufre, et il leur plaît souvent de se déclarer maudits, ce qui leur permet de maudire les autres en connaisseurs. Ce qui ressort le plus nettement des écrits de la droite collaborationniste, c'est le mépris de l'humanité, réserve faite pour le casque et les bottes. Ainsi allons-nous, en nous rejetant les uns les autres avec constance et détermination. Parcourez l'histoire de France, vous n'y rencontrerez que des condamnés. Par la gauche ou par la droite.

Or il y a une chose que mes intellectuels ne comprennent pas, ou ne veulent pas voir, c'est que la frontière entre ces deux tendances de l'opinion ne passe pas sous mes fenêtres, elle passe au beau milieu de ma propre personne. Français, je suis alternativement ou simultanément de gauche et de droite, voyez l'aimable balancement de mes votes ; il n'est pas jusqu'à mes abstentions qui n'expriment à leur façon cette double appartenance.

Mais je suis aussi quelque chose de plus ancien et de plus profond. Je suis chrétien, je le répète, judéo-chrétien, si vous voulez, ce qui ne va pas sans obligations. La première est d'être vrai.

Cela dit, je veux bien que Touvier soit jugé. Mais je voudrais qu'il le fût en bonne et due forme, la loi bien comprise, le code respecté, les plaidoiries entendues, et la morale aussi, qui est des plus intéressées à l'affaire.

Or je ne vois pour l'instant que désordre et confusion des genres, approximations juridiques, imputations mal fondées, jugements préconçus ou erronés, écarts de pensée plus encore que de langage et dix accusés au lieu d'un, parmi lesquels l'Église, les magistrats, un président de la République et la France elle-même, qui n'a jamais réussi à plaire à tous ses enfants en même temps.

Premier exemple d'approximation : l'on a reproché à M. Georges Pompidou, pour lors chef de l'État, d'avoir grâcié Touvier, et tout le monde a compris qu'il avait commué la peine de mort dont le milicien avait été frappé deux fois par contumace. On en conclut, sans prendre la peine de s'informer, ou en enjambant le dossier pour courir aux armes, que le président de la République faisait peu de cas des victimes de la milice. Si l'on y avait regardé de plus près, l'on se serait aperçu que les deux condamnations à mort portées contre Touvier se trouvaient depuis plusieurs années annulées par la prescription des crimes de guerre, qui intervient au bout de vingt ans. En vérité, la grâce présidentielle portait sur les peines secondaires qui suivaient la peine principale et qui, telle la confiscation des biens, atteignaient la famille tout autant que le condamné. Il eût été plus juste de dire que le président de la République avait gràcié les enfants des peines encourues par leur père, mais la polémique en eût retiré moins d'avantages.

Autre approximation douteuse, imputable cette fois aux historiens qualifiés de Mgr l'archevêque de Lyon. Ayant à s'expliquer comment la grâce, refusée en mars à Touvier, lui avait été accordée en novembre, ils écrivent dans leur rapport que « *force est* (je souligne) de fairc entrer en ligne de compte l'action de l'ambassadeur près le Saint-Siège, dont le poids était considérable auprès du chef de l'État. Car si Mgr Duquaire — derrière lequel se profile l'ombre du secrétaire d'État en la personne du cardinal Villot — continue de se dépenser sans compter, l'idée de faire un geste de nature, pense-t-on, à conforter les rapports entre l'État et l'Église, paraît n'avoir pas été étrangère aux préoccupations des plus hautes autorités de la République et de leur représentant au Vatican, qu'assiège Mgr Duquaire jusqu'à faire une démarche auprès de lui durant ses vacances en France » — indication provenant, nous dit une note de bas de page, d'une « source romaine bien informée ».

Puisque « force » il y a, force m'est

de constater que les historiens ne sont pas toujours insensibles aux charmes du roman ; qu'ils ne craignent pas « les ombres qui se profilent », qu'ils font confiance aux « sources bien informées », ce qui les dispense de nous informer de leurs sources, que l'influence d'un ambassadeur prend nécessairement du poids de mars à novembre, que, faute dc pièces, « force est » parfois de sauter de l'histoire dans la conjecture, et qu'un bout de grâce accordé à un milicien peut avoir alléché le Vatican au point de le jeter dans les bras de la République. Force est de s'extasier.

Ainsi, en un seul paragraphe, les historiens de Mgr l'archevêque nous auront-ils fourni tout un lot d'accusés supplémentaires : un ambassadeur, un président, un cardinal, ou son ombre en tout cas, un monseigneur et tout le personnel du siège apostolique. Que de procès en vue, quel bonheur, mes frères !

Je vous le dis, je ne me sens pas à l'aise dans ce tribunal permanent, où personne ne semble lire le même code que son voisin et où l'accusé disparaît dans son box envahi par la foule de ceux que l'on envoie le rejoindre, et qui sont chaque jour plus nombreux.

Qui, d'ailleurs, s'apprête-t-on à juger dans ce tribunal national en colère qui siège depuis des mois sans désemparer, réveille l'histoire assoupie, convoque les fantômes et met les morts en garde à vue ? Touvier ? Est-ce bien sûr ? Méfiez-vous, cet homme-là est insaisissable. Il échappe pendant plus de quarante ans à la police qui le cherche sans succès, à la justice qui le condamne par défaut, sans avoir trop espéré le voir à l'audience. Il n'est jamais là, c'est un principe, n'insistez pas, il n'y a personne. Où donc était-il pendant ces quarante années d'absence ? Était-il caché dans un pays lointain, le Grand Nord, la lune ? Ma foi non ; il passait, invisible, entre les porteurs de mandats d'arrêt, en évitant les maisons du même nom. C'est un homme on ne peut plus fluide, fort sujet à l'évaporation. Quand on parvient enfin à mettre la main dessus, ce n'est pas pour longtemps. Il va disparaître par les interstices de la procédure, se glisser sans dommage entre les attendus d'un arrêt de renvoi, qui ne renvoie rien qu'un dernier soupir d'impuissance : ce n'est pas un homme, c'est un non-lieu. Il a le don de se volatiliser au point que l'on commence à se demander s'il a jamais existé. On a mis en doute, pour moins que cela, l'existence de Shakespeare.

Il a toutefois l'obligeance de se faire remplacer.

S'il y a tout de même procès, ce ne sera pas le sien, mais celui de Vichy, de l'armistice de 1940, de la collaboration qui s'en est ensuivie, de l'Église et plus précisément du Vatican qui s'intéressait à Touvier au point qu'un geste en sa faveur pouvait faire fondre de reconnaissance toute la diplomatie du Saint-Siège, comme le suggèrent ces historiens dont je viens de saluer la méthode avec l'émerveillement qui convient.

Ce sera aussi, comme on peut le déduire des déclarations d'un homme politique brouillé avec la cour d'appel, le procès des « vaincus de la dernière guerre », qui ne sont pas encore assez vaincus, qui auraient tort de chercher à relever si peu que ce soit la tête, fût-ce pour respirer, tant il est vrai qu'en France on est vaincu à vie, vaincu par état, vaincu pour l'éternité. Je vous l'ai dit, nos jugements sont toujours des jugements derniers.

Finalement, ce sera le procès du peuple français, convaincu d'avoir laissé paraître, en 1940, de regrettables signes d'abattement, d'avoir montré une mine encore plus défaite que son armée et fait cortège pendant un an, ou deux, ou plus, à un maréchal survenu après la déroute comme le facteur après une nuit de cauchemar, et qui apportait des nouvelles de Verdun.

Le peuple français, qui a commencé par prendre Pétain pour de Gaulle avant de prendre, en 1958, de Gaulle pour Pétain, devra se disculper des charges retenues contre lui par la foule des procureurs qui se bousculent déjà au pupitre du ministère public, prêts à requérir. Il est vrai que la peine a déjà été prononcée : douze années de IVe République, soldée par une remise de peine pour mauvaise conduite.

Je garde intact le souvenir du régime imposé à ce qui restait de la France par ceux qu'Anatole de Monzie appelait les « émigrés de l'intérieur », ultras obtus et troubadours décatis qui chantaient une « révolution nationale » où le nationalisme avait plus d'importance que la nation elle-même, et je me rappelle avec le même étonnement consterné les liturgies d'allégeance aveugle célébrées autour de leur vieux chef par de vieux braves, le visage caramélisé par la dévotion sous le béret aplati en visière, l'œil fixé sur le souvenir d'une autre guerre. Malmenée par le présent, la France s'est réfugiée quelque temps dans son passé.

Qui la jugera, étourdie qu'elle était par le malheur ? On ne juge pas le peuple auquel on appartient.

Excusez-moi d'être français.

Pendant la dernière guerre, nous avons connu deux formes de collaboration.

L'une, active, consistait à se mettre au service de l'occupant, à endosser son idéologie, et son uniforme en même temps, à révérer sa puissance, à spéculer sur sa victoire, à se découvrir des ancêtres communs, beaucoup plus anciens que le christianisme, une culture commune, mieux armée chez lui ; à lui demander humblement une petite place, debout, près de son feu sacré, à courir au-devant de ses désirs et à recevoir en échange, avec quelques avantages en nature, le salaire de son mépris.

Cette sorte de collaboration relève de l'article 75 du Code pénal, qui vise l'intelligence avec l'ennemi. Elle a été le fait d'un très petit nombre d'égarés, espèce connue de ceux qui depuis le commencement de notre histoire prennent le parti de l'étranger, d'où qu'il vienne, pourvu qu'il leur apporte la force qui leur manque pour faire prévaloir leurs vues, ou leurs intérêts. Il était bien inutile de constituer des cours de justice pour les juger. Les tribunaux militaires étaient là pour cela, et ils en eussent peut-être obtenu, avec un peu de chance, le statut de prisonniers de guerre.

L'autre forme de la collaboration, que l'on qualifiera de passive, découlait nécessairement de l'armistice. De Gaulle l'avait vu, peu d'hommes politiques l'avaient compris. Dès lors que vous déposez les armes tandis que le vainqueur, bien entendu, garde les siennes ; dès lors que vous signez avec lui une convention qui lui donne en gage les deux tiers de votre territoire, et que vous ne lui abandonnez pas le reste pour aller vous ressaisir hors de sa portée ; dès lors que vous vous donnez les apparences d'un gouvernement légal, quand vous savez que vos pouvoirs seront nécessairement subordonnés à ceux de l'occupant, et que vous prenez des responsabilités que vous êtes hors d'état d'exercer dans leur plénitude, vous êtes conduit tout droit à chercher avec votre vis-à-vis tout-puissant, sourcilleux et avide, des accommodements qui ressembleront à des connivences, et des compromis qui auront tout l'air de compromissions. Surcroît de disgrâce, le mal que vous n'aurez pu empêcher vous sera imputé un jour, et celui que vous aurez évité ne sera pas déduit : le bénéfice négatif n'entre pas dans les bilans.

Cette collaboration de fait, qui se donnait l'excuse d'être menteuse, et qui mentait en effet à tout le monde, à l'occupant, pour lui soutirer quelques indulgences, aux occupés, en leur adressant des clins d'œil complices au moment de lâcher quelque prérogative de plus, cette collaboration assez honteuse d'elle-même pour se présenter comme une forme supérieurement élaborée de résistance, est à porter au passif de la débâcle. Elle n'est plus à juger, l'histoire l'a fait.

Inutile de la traîner au prétoire. On veut bien qu'elle soit prescrite, ou amnistiée, et même l'on ne demanderait pas mieux que de l'oublier.

Mais ce n'est pas la politique de Vichy qui nous intéresse encore aujourd'hui, c'est sa morale.

Ce qui tient à la morale est infiniment plus grave que ce qui touche à la politique.

Un pays ne meurt pas d'une culbute militaire, ou alors la France aurait cessé de vivre depuis longtemps. Un pays ne meurt pas d'une faillite financière, d'une déconfiture matérielle, d'une révolution ou d'une guerre civile. Rien de tout cela n'atteint le cœur d'une nation. Nous avons fait l'expérience de tous les genres de désastres que le destin peut offrir aux pauvres humains, et nous savons qu'aucun d'eux n'est irrémédiable.

On met un pays en danger de mort quand on tente de le faire agir contre son honneur, contre sa foi, contre la conscience que Dieu, les siècles et la raison lui ont formée.

En ce sens, le « statut des juifs » a été un crime contre l'honneur de la

France, un crime contre la nation, et un commencement de crime contre l'humanité. Car après le statut viennent l'inscription dans les commissariats, le port de l'étoile jaune — obligatoire dès l'âge de six ans — puis l'internement, puis la rafle, puis Drancy, puis Auschwitz, où les enfants furent un sourire, puis une fumée.

Le crime contre l'humanité ne commence pas à la porte des chambres à gaz.

Il commence quand on l'a commis sur soi-même, en cessant d'être humain.

Le statut des juifs offensait la morale chrétienne. Il eût collé son étoile jaune sur les apôtres et interdit d'enseignement le fondateur de ce christianisme dont le régime de Vichy feignait de respecter les valeurs. Il défigurait la

France, déjà cruellement blessée et qui montrait au monde un visage que le monde ne connaissait pas. Il violait le premier article de la Déclaration des droits de l'homme, que le régime tenait en abomination, mais qu'il n'avait encore remplacée que par l'expression de ses vindictes partisanes, éructées dès ses premiers jours d'exercice par une série de hoquets administratifs.

Je ne souhaite rien tant que d'être juste, je ne crains rien tant que de ne pas l'être.

J'ai parlé, à propos du statut des juifs, de « commencement de crime contre l'humanité » ; je n'ai pas dit qu'à elle seule cette ignominie suffisait à constituer le crime.

Les auteurs du statut, et ceux qui l'ont appliqué, ne savaient probablement pas ce que serait la suite et la fin de l'histoire, et je suppose qu'ils ne le savaient pas parce que personne ne savait rien.

J'ai vécu, mieux vaudrait dire que j'ai survécu longtemps dans la « Baraque aux juifs » du Fort Montluc, à Lyon, où j'ai eu des centaines et des centaines de compagnons, souvent livrés à la police allemande par la milice. Pas un seul d'entre eux n'avait la moindre idée du sort qui l'attendait en Allemagne et pourtant il y avait là, je vous le garantis, des esprits curieux. Ils s'imaginaient qu'ils seraient envoyés dans un camp de travail et qu'ils y seraient sans doute malheureux, mais moins qu'en prison, et qu'en tout cas ils échapperaient aux rafles d'otages qui dépeuplaient inopinément la baraque, le jour ou la nuit. Je n'en ai jamais entendu aucun mettre cette illusion en doute, et quand on les alignait dans la cour pour les embarquer, ils avaient un dernier regard presque compatissant pour ceux qui ne partaient pas et restaient exposés aux représailles. Moi-même, lorsque j'ai appris le 12 août 1944 que je serais déporté le 16, j'ai accueilli la nouvelle avec une sorte de soulagement. Ni en prison, ni au-dehors, je n'ai entendu quelqu'un parler de la « solution finale » avant le retour des rescapés et le dévoilement de l'horreur.

Mais nous ne pouvons croire, nous autres Français — excusez-moi —, qu'il peut se commettre du mal sur la terre sans que le pouvoir n'en soit aussitôt informé, et, pour un peu, l'on vous dirait qu'en ce temps-là, tout le monde savait, excepté les juifs.

Il reste que le statut signé le 3 octobre 1940, promulgué le 4, aurait dû être publiquement condamné le 5 par toutes les autorités morales, crosse en main, mitre en tête. Il ne l'a pas été, et je ressens encore aujourd'hui ce silence comme une brûlure.

Pardonner ? Ce n'est pas une pratique courante en France. Les manuels de mon enfance parlaient encore avec une admiration émue de la magnanimité du roi Henri IV, ne tirant d'autre vengeance de la Ligue que de faire trottiner son gros chef autour de son jardin jusqu'à faire fondre sa bedaine. On ne voit guère d'autre exemple à citer, si ce n'est peut-être un assez net refus de rétorsion contre-révolutionnaire chez Louis XVIII.

Un pardon tous les deux ou trois siècles, telle paraît être la cadence de notre miséricorde nationale.

Nous sommes un peuple chrétien, c'est écrit dans les livres. C'est un peu moins lisible dans notre histoire.

Il est convenu que le pardon requiert trois conditions.

La première est que l'on ait quelque chose à pardonner, autrement dit que l'on ait été la victime d'un tort, d'un dommage ou pire, dans sa personne ou celle des siens. C'est naturel, c'est cartésien.

La deuxième est que le pardon ne peut être accordé que s'il est demandé. Le cas n'est pas tellement fréquent chez les criminels de guerre. On n'en peut, je crois bien, citer qu'un seul, celui de Franck, gauleiter et bourreau de la Pologne. On l'a vu, au procès de Nuremberg, se lever de son banc et regretter publiquement ses crimes, dont il avait pris conscience dans la prison où il s'était converti. Les juges l'ont entendu avec intérêt et l'ont fait pendre. Ce n'était peut-être pas une manière d'encourager la contrition, mais les juges auront craint, j'imagine, d'avoir soudain un peu trop de convertis à juger.

La justice n'est pas tenue par l'Évangile, mais le chrétien l'est, et solidement. Il est tenu de pardonner à qui lui demande pardon.

Enfin, troisième condition, il est nécessaire que le pénitent prouve sa bonne foi par un aveu public et une promesse de réparation, celle-ci fût-elle impossible.

Mais je suis français, je m'en suis déjà maintes fois excusé, et chrétien, de sorte que le cartésianisme ne me suffit pas.

J'ai lu l'Évangile, j'ai lu, relu et retenu l'épisode de la femme adultère, condamnée à la lapidation conforme à la loi, et venue, ou poussée en appel aux pieds du Christ qui traçait des lignes sur le sable, un peu comme on dessine parfois machinalement en parlant avec un autre.

« Que celui d'entre vous qui n'a jamais péché, dit-il aux juges de la jeune femme, lui jette la première pierre. » Alors, dit l'Évangile, ils partirent tous les uns après les autres, à commencer par les plus vieux.

La clé du pardon est là.

Il y a, dans notre histoire, beaucoup trop d'accusateurs qui n'ont jamais péché ; dans nos procès politiques, beaucoup trop de purs que le poids de la première pierre n'effraie pas, bien qu'elle soit lourde comme la terre elle-même.

Comment pardonner si l'on n'est pas un peu coupable ?

Or, coupable, nous le sommes tous. Il n'y a point d'innocents, les enfants exceptés, auxquels nous nous défendons imprudemment de ressembler. Le « je ne suis pas » ou « je ne suis plus un enfant » des adultes inquiets de donner prise au soupçon de naïveté devrait être suivi d'une crise de larmes propitiatoires, entrecoupées de l'expression sanglotante d'un immense regret.

Mis à part les pauvres, que l'on maintient dans la condition dépendante de l'enfant, il n'y a pas d'innocents dans une société.

J'ai dit tantôt bien du mal de Vichy, et il m'arrive d'en penser encore davantage. Mais les excès de la droite ne suffisent pas à sanctifier la gauche, car en France la gauche et la droite s'engendrent réciproquement, et lorsque l'une se trompe, l'autre n'y est jamais pour rien. Et toutes deux le savent parfaitement. Le 10 juillet 1940, c'est la Chambre du Front populaire qui a remis au maréchal Pétain tous ses pouvoirs, et même ceux qu'elle ne détenait pas, dans un vote qui sentait son remords de n'avoir pas su mettre la France en état de faire face à Hitler.

Ainsi vivons-nous sous le régime de la culpabilité alternative, où chacun des deux camps fournit l'autre en circonstances atténuantes. Cela n'exclut pas le jugement moral, mais devrait tempérer le jugement politique.

Le rôle d'avocat nous plaît ; moins toutefois que celui de procureur, et s'il nous arrive de briller dans la défense, nous nous surpassons dans l'accusation.

Il est vrai que nos esprits libres se sont honorés en prenant la défense de Dreyfus, mais ce n'est pas un hasard si l'éclatant plaidoyer de Zola portait le titre de « J'accuse ! » ; l'attention eût été beaucoup moindre s'il avait été intitulé « Je défends » et Dreyfus serait encore à l'île du Diable.

Et quelle joie parmi nous lorsque l'occasion se présente de requérir contre des juges, comme ce fut le cas après la décision de non-lieu prise en faveur de Touvier par les magistrats de la cour d'appel réunis en chambre d'accusation, et foudroyés sur place avant même que leur signature ait eu le temps de sécher. Ils avaient déshonoré la justice, insulté le ciel et la terre, péché contre l'esprit ; leur place était en enfer, d'où ils n'auraient jamais dû sortir.

Or je dis tranquillement que les juges de la cour d'appel ont été de bons juges, s'ils ont été de mauvais historiens, qu'ils ont jugé sans se préoccuper de l'espèce de rumeur préventive qui grondait déjà autour d'eux, et que nous avons bien de la chance d'avoir, en France, des juges de cette sorte.

Je dis, paisiblement, qu'ils ne pouvaient rendre un autre arrêt que celui qu'ils ont rendu.

Ils n'avaient pas à se prononcer sur des crimes de guerre, de trahison, d'intelligence avec l'ennemi, affaires classées par la prescription, mais sur une accusation de « crime contre l'humanité », crime imprescriptible selon la loi française, qui a négligé jusqu'ici de le définir : la commission des lois de notre Assemblée nationale s'y emploie, et rencontre des difficultés. Sur quoi j'ai une remarque à faire.

La loi d'imprescriptibilité du crime contre l'humanité n'est pas, comme ses adversaires le prétendent, une loi rétroactive et par conséquent contraire à un principe fondamental du droit. Elle se borne à décréter que ce genre de crime est indéfiniment punissable, sans que l'accusé puisse invoquer la clôture des délais de poursuites ; elle n'invente pas le crime, et l'accusé ne saurait soutenir qu'il n'était pas réprimé comme tel en son temps. Il se trouve que certaines monstruosités sont inimaginables, et que des législateurs sains d'esprit ne pouvaient avoir, avant la dernière guerre, l'idée d'introduire dans le Code pénal un article interdisant, notamment, d'enlever les petits pensionnaires d'un home d'enfants pour aller les gazer à l'écart, avant de les jeter dans un four : tel fut le sort des enfants d'Izieu. De tels crimes ne sauraient bénéficier de la prescription, et à supposer qu'ils soient pris, leurs auteurs, après avoir supplié d'en être punis, devraient accueillir leur condamnation avec reconnaissance.

Il reste que les juges de la cour d'appel, faute de loi, ne pouvaient fonder leur décision que sur les principes énoncés par la Cour de cassation, remaniés à diverses reprises, tantôt exigeant, pour que le « crime contre l'humanité » soit constitué, qu'il y ait plan concerté d'extermination, tantôt qu'il y ait eu, plus généralement, actes inhumains ou persécutions commis non seulement contre une collectivité « raciale ou religieuse », mais — révision à la hausse — contre tout adversaire « d'un État pratiquant une politique d'hégémonie idéologique », « quelle quc soit la forme de son opposition ». Cette dernière version, si elle était adoptée par l'Assemblée nationale, obligerait à recommencer tous les procès jugés depuis quarante-sept ans et ayant mis en cause des ennemis de la Résistance ; mais la première laisse échapper Touvier.

Les juges de la cour d'appel auraient dû se borner à constater que les définitions de notre cour suprême ne permettaient pas de retenir l'inculpé, si regrettable que ce fût. Leur erreur a été de faire précéder leur arrêt de considérants qui ne leur vaudront pas la considération des historiens.

Après avoir affirmé comme ils l'ont fait qu'« il n'y avait pas d'antisémitisme dans les discours du maréchal Pétain », ils auraient pu ajouter qu'il y en avait dans son encrier, quand il a signé le statut des juifs.

A mes yeux, il y a crime contre l'humanité lorsque, après avoir refusé à quelqu'un la qualité d'être humain pour l'assimiler à un rat ou à un quelconque nuisible, on le tue sous prétexte qu'il est né.

C'est une définition simple, que j'ai proposée à l'occasion du procès Barbie. Sans succès, bien entendu. Il paraît que ce qui est simple n'est pas juridique.

On aurait pu l'appliquer à l'un des chefs d'accusation — un seul — retenus contre Touvier, celui qui porte sur le massacre de Rillieux-la-Pape. Le 29 juin 1944, pour venger Philippe Henriot, tué la veille par un commando de résistants, sept otages juifs choisis par Paul Touvier sont fusillés par la Milice. Un témoin nous dit qu'ils étaient tout d'abord huit, et que le huitième a été écarté parce qu'il n'était pas juif : c'est ainsi que l'on passe du crime de guerre au crime contre l'humanité.

Cela peut se plaider, je l'admets. Il n'y a pas de cause qui n'ait droit à un avocat. Celui de Touvier n'aura pas à faire grand effort pour réfuter ma thèse. Personne ne la lui opposera.

Saisie de l'affaire, la Cour de cassation va se trouver prise entre coupe et défausse, comme disent les joueurs de cartes.

Ou bien elle abandonnera sa propre définition du crime contre l'humanité, ou bien elle la maintiendra et, dans ce cas, je le répète, toute l'épuration sera à recommencer sur de nouveaux frais, sans que l'on puisse être assuré que la justice y trouvera mieux son compte que la première fois.

Je pense toujours aux enfants d'Izieu avec le même chagrin que le premier jour, et il n'y a pas de prescription, d'amnistie ou de tactique d'apaisement qui puissent me convaincre de les passer par profits et pertes. Cette barbarie a été commise, elle est ineffaçable et c'est pourquoi, bien que j'aie un cœur peu enclin au jugement, je reste attaché à la notion de crime contre l'humanité. Je souhaite seulement qu'elle soit appliquée avec le plus extrême discernement. C'est une notion précieuse. Elle est liée à la mémoire, qui n'a été longtemps qu'une faculté et dont cette ignoble guerre a fait une vertu.

Il ne suffit pas de s'excuser d'être français, il faut encore s'excuser d'êtrc chrétien ; mais cela, mon Église le sait depuis longtemps.

On n'en finit plus d'exiger d'elle qu'elle présente des excuses.

A la démocratie, pour avoir tardé à la rejoindre, et s'être claquemurée dans son donjon doctrinal jusqu'à ce que la guerre de 1914 la contraigne d'en sortir pour aller souffrir, et mourir, dans les tranchées où l'incrédule souffrait et mourait de la même façon que ses propres enfants.

Aux athées, pour avoir tenté jadis de leur communiquer sa foi, prosélytisme déplorable et seule forme de partage qu'elle est invitée à récuser après avoir adopté toutes les autres.

Au sinanthrope, pour avoir douté de son existence.

Au monde moderne, afin qu'il lui pardonne de croire en Dieu, faiblesse à laquelle les catholiques résistent d'ailleurs de mieux en mieux.

A l'histoire, dont la mobilité est beaucoup plus grande que la sienne, et qui commençait à sortir du marxisme au moment où elle se demandait s'il n'était pas indiqué d'y entrer.

On ne cesse de prendre en défaut mon Église. Il s'agit, vous l'avez compris, de la confiner dans la contrition jusqu'à la fin des temps, et l'affaire Touvier devrait permettre de porter contre elle une accusation de plus. On n'allait pas la laisser échapper.

Apparemment, des gens d'Église s'étaient montrés compatissants. Cela méritait une enquête.

Parmi les prêtres qui ont abrité Touvier pendant sa longue contumace, il en est sûrement qui n'auront pensé qu'à lui accorder ce « droit d'asile » que la loi ne reconnaît pas, mais que les religions pratiquent depuis les temps les plus reculés. Faut-il renoncer solennellement à l'exercice de ce « droit », qui ne figure il est vrai dans aucun de nos codes, mais qui est lié à la fonction même de l'Église, dont le premier devoir est d'ouvrir sa porte à n'importe qui, sans exiger au préalable la production d'un certificat d'innocence ou d'un extrait de casier judiciaire ?

Il est possible également que le fugitif se soit présenté à ses hôtes comme un homme exposé à une grave erreur judiciaire, et les circonstances accordaient une certaine vraisemblance à ce genre de discours. Les premiers tribunaux de l'épuration ne donnaient pas l'impression de la sérénité, et le droit semblait en proie au vertige de la répression. Songez que vous pouviez être condamné, non pour ce que vous aviez fait, mais « ès qualité », dès lors que vous aviez détenu un poste quelconque durant les temps maudits : ainsi Robert Schuman, fort honnête homme célébré aujourd'hui comme l'un des pères de l'Europe, et qui est au Panthéon, ou qui l'a manqué de peu, a-t-il été inculpé d'« intelligences avec l'ennemi » en 1944 pour avoir appartenu jusqu'au 10 juillet 1940 au dernier gouvernement de la IIIe République, présidé, sous Lebrun, par le maréchal Pétain. Ce qu'il y avait dans son portefeuille n'intéressait personne, il l'avait eu sous le bras, il était coupable. La moindre prudence voulait que l'on se tînt à l'écart de ces boîtes à sentences où les résistants de la première heure, décimés par l'ennemi, étaient plus rares que ceux de la dernière, inquiets de compenser leur retard à l'engagement par un surcroît de zèle répressif, car

C'est une des plus tristes lois de
la nature
Moins on a résisté, plus il faut
qu'on épure.

Je lis dans les conclusions du rapport de la commission nommée par Mgr l'archevêque de Lyon :

« Si tant de religieux ont accueilli Touvier, tout en le sachant sous le coup de condamnations à mort et si l'idée, pourtant simple, de lui suggérer de se livrer ne leur est pas venue, c'est parce que la justice rendue par la société leur paraissait douteuse, incertaine, et qu'ils s'arrogeaient le droit de réformer ses jugements. La justice de Dieu leur est supérieure, mais de quel droit s'autorisent-ils à se faire ses interprètes ? L'interprétation extensive du droit d'asile procède de la même ecclésiologie : les clercs sont au-dessus des lois ; puisque le moral est au-dessus du légal, eux qui définissent le moral n'ont pas le sentiment d'enfreindre l'ordre en obéissant à des lois supérieures. L'Église, qui est juge de la conformité du légal au moral, n'a pas de comptes à rendre à la société civile. Ce postulat, s'il n'est que rarement formulé et conscient, n'en a pas moins inspiré les mentalités et les conduites. »

Cette caricature anticléricale étonne, de la part de chargés de mission de l'archevêché.

Les juges de la cour d'appel ne sont

pas de bons historiens, mais les historiens de Monseigneur ne sont pas de bons juges.

Le clerc ne se voit pas « au-dessus des lois » ; il se tient au-dessous, pour ramasser ceux que la loi rejette, condamne ou laisse tomber du haut de son tribunal de marbre.

Le clerc ne s'arroge nullement « le droit de réformer » les jugements de la société ; il sait que celui qui vient se confesser, ou qui plus simplement lui parle en confiance, n'est pas celui qui comparaît en justice : l'un s'accuse, l'autre se défend, ce n'est pas le même homme, et tout ce que le clerc peut faire est de demander repentir, ferme propos et promesse de réparation. Il est, en fait, le prisonnier de son pénitent ; si celui-ci lui a menti, le poids de la faute n'en est que plus grand.

Le prêtre ne s'autorise pas à se faire l'interprète « de la justice de Dieu » contre celle des hommes. Mieux que personne, il sait que la justice de Dieu est en délibéré depuis le commencement du monde, et qu'elle y restera jusqu'à la fin.

Les historiens écrivent encore : « ... nous devons convenir, au terme de cette longue recherche, que le mystère ne nous est pas entièrement élucidé de tant d'hommes d'Église intelligents, charitables, désintéressés qui ont sincèrement cru faire œuvre pie en militant pour Paul Touvier, au risque d'oublier les exigences de la justice et le devoir de discernement pastoral ».

Un acte de charité poserait donc

tant de préalables ? Ce serait une bien grande nouveauté, de peu d'attrait.

Lorsque je comparaîtrai au dernier jugement, dont l'urgence ne m'apparaît pas, j'espère, et c'est bien le fond de mon espérance, que la miséricorde de mon souverain juge ignorera complètement « les exigences de la justice », et qu'il fera preuve d'un manque total de « discernement pastoral ».

S'il est démontré que certains religieux ont accordé aide et assistance à Touvier en pleine et entière connaissance de cause, non pour les motifs dont le mystère déconcerte les historiens, mais par connivence ou sympathie idéologique, alors ils ne peuvent se réclamer des principes de l'ordre spirituel, et ils relèvent de l'ordre politique. Mais ils ne compromettent pas plus l'Église que l'extrême-droite ne compromet la République.

L'Église n'a pas à s'excuser d'avoir une dimension spirituelle qui ne lui vaut aucun supplément de droits, mais qui lui impose des devoirs dont la société politique n'a aucune idée. Elle occupe de moins en moins de place en largeur ; raison de plus pour ne rien perdre en hauteur.

On ne peut dire cela sans ajouter précipitamment qu'une Église orgueilleuse et dominatrice ne nous plairait pas plus qu'une Église humiliée, suppliant César de lui pardonner de ne pas dépendre exclusivement de lui.

Car s'il est vrai qu'elle n'appartient pas seulement à la terre, il est vrai aussi qu'elle est assise dessus. Elle est d'institution divine, mais de condition humaine, du moins pour ce qu'elle nous laisse entrevoir de sa personne.

D'institution divine, ce qu'elle fait à ce titre n'est sujet à débat que chez elle, et à ceux qui lui reprochent de mal employer sa charité, on répondra qu'une charité qui s'égare est encore de la charité, que le compte en est inépuisable, et qu'il est géré dans l'infini. En ce monde la charité seule est infaillible, et le pape quand il se prononce en matière de dogme, événement des plus rares.

De condition humaine, l'Église est engagée dans l'histoire humaine, et l'histoire est un domaine où personne n'a jamais réussi. Elle non plus. Elle se conduit selon le précepte qui enjoint de « rendre à César ce qui est à César, et à Dieu ce qui est à Dieu », assorti de la recommandation également évangélique de « joindre la prudence du serpent à la simplicité de la colombe ». Je me souviens encore de ce saint dominicain s'écriant devant moi avec une sorte d'exaspération douce : « Je donnerais dix serpents pour une colombe ! », marché que ne songent pas à conclure les diplomates d'Église chez qui, depuis belle lurette, le serpent a avalé la colombe, dont ils recrachent de temps en temps une plume, légère comme un flocon de cigarette.

En 1940, César logeait à Vichy. Investi par un vote parlementaire dont personne n'avait encore eu l'idée de contester la validité juridique, il régnait dans le périmètre restreint qui lui avait été concédé par l'armistice. La colombe ayant pris du service ailleurs, le serpent de la prudence suggéra que César fût obéi malgré sa pauvre mine, afin que la discorde civile ne vînt pas s'ajouter au désastre militaire, en conséquence de quoi les chrétiens furent invités par leur épiscopat à se montrer loyaux envers le pouvoir établi. « Pétain, c'est la France, et la France aujourd'hui c'est Pétain », s'écriait alors le cardinal primat des Gaules. Une telle révélation pouvait conduire tout droit les uns au couvent, les autres, à la Légion du maréchal.

Lorsque l'Église agit dans l'ordre spirituel qui lui est proprc, elle ne doit d'explications justificatives à personne ; elle en doit à tout le monde dans l'ordre temporel. Vais-je prendre rang à mon tour parmi les accusateurs ? Non, certes. Le rôle de juge impartial dans lequel je me complais depuis un moment ne me va pas mieux qu'à un autre. Je sais bien que l'épiscopat défunt auquel je viens de faire allusion pourrait nous dire aujourd'hui que sa consigne de loyalisme a été outrepassée ; qu'il ne voulait que la paix entre les citoyens, et qu'il a vu avec regret les bénéficiaires de ses mandements passer à l'offensive, contre les Juifs, les maçons, les politiques de la IIIe République et tout ce qui présentait une configuration de gauche ; que d'aucuns avaient trahi sa pensée en poussant le dévouement à Vichy jusqu'à Berlin ; je sais, je sais. Vous le voyez, je n'accuse pas, je défends encore. N'empêche que je comprends de mieux en mieux mon saint dominicain, et que je me méfie de plus en plus du serpent de la prudence. C'est un animal dangereux. A l'écouter de trop près, on court grand risque de périr dans la spirale de ses anneaux.

Dès le début de ces courtes pages, j'ai dit qu'au rebours d'unc étonnante formule ministérielle, je me sentais « coupable, mais pas responsable » de tout le mal qui s'est fait chez moi, français, depuis que j'ai une histoire. Et il m'a fallu constater, pénible évidence, que si je suis un peuple intéressant, je ne suis pas un peuple parfait. Tristesse. Sans nul doute, j'ai beaucoup à envier aux peuples qui m'entourent et qui ont assez souvent, grâces leur en soient rendues, la bonté de me signaler les défauts, défaillances et déficits qui les empêchent de me témoigner toute la considération qu'ils aimeraient m'accorder.

Que de vertus et de qualités me manquent ! Je ne peux en dresser la liste sans frémir.

De l'Anglais, je n'ai pas l'opiniâtreté qui le fait invincible sur terre et sur mer, l'élégant pragmatisme, ni la parfaite éducation qui lui permet de maîtriser si bien ses sentiments qu'un observateur superficiel pourrait croire qu'il n'en éprouve aucun, ce que seul un observateur pénétrant serait en mesure de prouver.

De l'Allemand je n'ai pas la persévérance dans l'effort, qui se remarque à la longueur de ses opéras, ou de ces concertos qui recommencent chaque fois que l'on se lève en croyant qu'ils sont terminés ; je pense beaucoup moins que lui, surtout depuis deux siècles ; ma pensée n'a pas le poids de la sienne, ni cette belle épaisseur qui permet de la travailler sans fin pour lui donner toutes sortes de formes étranges, baroques ou appétissantes, et je n'ai pas sa dextérité à hacher menu la thèse et l'antithèse pour en faire de la saucisse dialectique, aliment quotidien de nos universitaires, qui le préfèrent de beaucoup aux olives grecques.

En outre je suis moins bon soldat, Machiavel l'avait déjà remarqué, notant que j'étais fait pour gagner les batailles au premier choc, et les perdre au second. Machiavel avait raison. Je suis toujours surpris que l'on me résiste.

Je n'ai pas l'imagination de l'Italien, qui suspend ses villes au rocher ou les fait flotter sur les eaux, ni le courage qu'il montre et qu'il lui faut pour arracher sa subsistance à un sol ingrat ou bourbeux, à une terre qui se dérobe sous ses pieds, ou à des montagnes qui lancent contre lui de la mitraille et des serpents de feu. Il a tous les talents, et il ne m'en veut pas trop de l'appeler quelquefois, par mégarde, ma sœur latine.

C'est en vain que l'Espagnol me montre l'exemple de la fierté, et le Suisse celui de la précision ; je ne m'imagine pas non plus repoussant inlassablement la mer avec mes mains pour sauver les tulipes dans lesquelles je bois mon soleil, comme le Hollandais ; ou pratiquant à la fois le réalisme et la mystique, comme le Flamand ; Dieu, que de leçons j'ai à recevoir de mes voisins !

Mais j'y songe tout à coup, ne sont-ils pas déjà venus m'enseigner à domicile ? Et non seulement les plus proches, mais quelques-uns des plus éloignés aussi ?

Ne suis-je pas un assez trouble mélange de Germains, Francs, Wisigoths, Alamans, venus en foule m'apprendre à devenir français ; d'Italiens du Nord, qui étaient peut-être des Gaulois ; d'Espagnols transitaires et transitoires ; de Nordiques devenus bourguignons, ou villageois du pays d'Auge, leurs drakkars ensablés formant les célèbres planches de Deauville ; d'une pincée de Grecs qui m'ont appris tout ce que les Juifs ne m'ont pas révélé ; peut-être d'Irlandais, qu'un naufrage aurait faits bretons, si ce n'est pas l'inverse ; d'Arabes, qui m'ont apporté le zéro, dont mes gouvernements font grand usage, et qui ont été battus à Poitiers mais qui ne sont pas repartis, cela se voit bien, il me semble ; j'en passe, j'en oublie, ils sont trop. A-t-on jamais vu peuple plus métissé que le mien ? Le nationalisme, chez moi, ne devrait s'énoncer qu'au pluriel.

Est-ce à dire que je n'ai point

d'identité ? Non pas. La voici : je suis né de mère chrétienne, et de père inconnu.

La fille aînée de l'Église est une fille mère.

Nul déshonneur à cela, bien au contraire. La fille mère a fait preuve, à travers les âges, d'une belle vitalité, et d'une forte aptitude à surmonter les difficultés de l'existence quotidienne. Sa situation irrégulière au regard de la morale bourgeoise l'a gardée d'un grand nombre de préjugés, et c'est sûrement de son célibat initial que lui vient ce goût de la liberté qu'on lui voit depuis toujours, et qu'elle a communiqué à plusieurs ; le désordre de ses débuts étant trop connu pour qu'elle puisse songer à le cacher, elle ne dissimule rien d'elle-même, elle avoue tout de ce qu'elle est, non porte close et volets tirés, mais en public, sans hésitation, et parfois sans pudeur. Elle a rencontré nombre d'épreuves, dont elle a eu la chance de ne pas toujours sortir victorieuse, avantage important pour le bon équilibre de l'âme. Des désastres qu'elle a traversés, elle a retiré l'agréable conviction qu'il n'en est point d'irréparables, ce qui est peut-être le secret de l'étrange sorte de gaieté qui lui est propre, et qui ne l'abandonne jamais tout à fait, même dans l'adversité.

En retour de sa franchise, et de sa promptitude à reconnaître ses torts, il lui a été accordé — par qui, je ne sais, je vous le demande — de cheminer dans l'histoire avec une petite lumière qui brille et virevolte au-dessus d'elle, et qui est peut-être ce que l'on appelle l'esprit.

Telle est la France. Les peuples riches ne l'apprécient guère, mais les autres ne la quittent pas des yeux.

Tout le bien que l'on peut lui souhaiter est de rester digne du regard des pauvres. Ils l'aiment. Ses enfants aussi.

Que l'on veuille bien les excuser d'être français !

Ils ne le resteront plus très longtemps, s'ils se laissent réduire à l'anonymat par les employeurs de la Babel matérialiste ; s'ils ne congédient pas les politiciens qui les croient incapables de se surpasser et ne leur proposent plus que des programmes en forme d'Introduction à la vie des veaux ; s'ils ne veillent pas mieux sur l'intégrité de leur sens, ou plus précisément de leur bon sens moral, et enfin s'ils oublient que leur pays, pour tous ceux de par le monde qu'il a aidés à espérer, est d'abord, est avant tout une donnée spirituelle de l'histoire.

La mémoire ?

De bons cœurs, meilleurs que moi, me disent qu'il est toujours plus facile de juger le crime que le criminel, grande vérité qui fait le tourment de la justice, et parfois son malheur ; que la fonction de justicier n'est pas un emploi pour le chrétien, et qu'il est raisonnable, pour le citoyen, de se demander si un rattrapage judiciaire vaut que l'on dérange l'équilibre péniblement reconquis d'une société appelée, par chance, à penser à autre chose, par exemple à l'Europe — et cela est vrai aussi. Cinquante ans ou peu s'en faut après la fin des hostilités n'est-il pas temps de décréter la démobilisation, de renvoyer les Français dans leurs foyers et de les laisser penser à leur avenir, qui les interroge, plutôt qu'à leur passé, qui a déjà tout dit ? C'est si loin, tout cela ! Moins loin sans doute que les massacres de Septembre ou la Saint-Barthélemy, dont on parle encore, mais qui sont passés à l'état d'horreurs historiques, déplorables, mais inoffensives ; leur venin desséché n'agit plus, alors que les drames plus récents touchent encore les nerfs, quand on commet l'imprudence de les évoquer. La guerre est finie depuis longtemps, l'Allemagne est notre amie et nous n'en avons jamais eu de meilleure, l'Angleterre mise à part. Laissons cela. Tournons la page.

Ainsi parle la sagesse coutumière, mais ce n'est pas notre faute si le livre de nos souvenirs s'ouvre toujours au même endroit, si cette page que l'on nous invite à tourner nous revient constamment sous les yeux. Nous l'avons lue et relue, certains se sont évertués à la remanier, mais l'histoire n'admet pas les corrections sur épreuves ; d'autres ont tenté sans succès de l'arracher ou, procédé plus subtil, de la faire disparaître sous les annotations, ratures, commentaires dilatoires : rien à faire, la page de l'occupation est toujours là, indélébile et bien lisible. Que contient-elle donc, qui la rende si difficile à tourner ?

Je me posais pour la centième fois la question, lorsque m'est revenue à l'esprit une autre page, tournée depuis longtemps celle-là, mais qui contient peut-être la réponse. C'est une page, enfin un fragment de page de Tacite décrivant une bataille et que je vais citer de mémoire : « Et chacun, écrit-il, s'apprête à combattre pour son idéal : le Germain, pour le pillage ; le Batave, pour la liberté ; le Gaulois, pour l'honncur. »

L'honneur, voilà le mot, celui que je ne cherchais pas. C'est l'honneur en nous qui a été atteint pendant cette guerre qui refuse de se faire oublier. Bien entendu, je ne parle pas de cette espèce de vanité mondaine qui vit en concubinage avec le mépris, ni même de l'honneur militaire, encore que celui-ci se gagne dans les batailles perdues, et que l'occasion était belle, puisque « les honneurs de la guerre » se décernent aux vaincus ; je ne parle pas davantage de cet orgueil national, qui défile, et se défile aussi bien, ni de ce sentiment qui exige, pour soi, tout ce qu'il n'accorde pas aux autres ; non, je n'ai en vue aucune de ces sortes d'honneur qui finissent dans les honneurs et n'en reviennent pas.

L'honneur que je dis est lié à la dignité de la personne ; le républicain d'inspiration laïque en trouvera l'expression dans la Déclaration des droits de l'homme et du citoyen, le chrétien, que rien d'ailleurs n'empêche d'être républicain, pensera plutôt à ce passage du Livre où il a appris qu'il avait été conçu à la ressemblance de Dieu : c'est finalement la même certitude qu'il y a, dans l'être humain, quelque chose d'inaliénable sur quoi aucun pouvoir en ce monde ne saurait avoir de prise.

C'est ce sentiment-là que le vieil auteur romain attribuait aux Gaulois. Je suis probablement le seul lecteur de Tacite qui ait jamais eu envie de l'embrasser.

Il n'y a aucune gloire à tirer de l'honneur dont je viens de parler. Il est, simplement, vital. Il a reçu un coup terrible le jour où l'on a entendu pour la première fois, pendant la guerre, dans Paris occupé, un quidam s'en aller répétant, la botte ferrée dans le derrière : « Ils sont corrects ! Ils sont corrects ! » Cet hommage rendu à la correction par celui qui venait de la recevoir, cette abdication qui ressemblait à une abjuration était plus grave que n'importe quel armistice et n'importe quelle capitulation en rase campagne. C'est cela, j'en suis sûr, que nous ne parvenons pas à oublier. L'une des choses dont je suis, Français, le plus reconnaissant à de Gaulle est d'avoir chassé l'ennemi des esprits, bien avant d'être en mesure de contribuer à l'expulser du territoire.

J'entends d'ici les réalistes : « Que nous importe l'honneur ? Est-ce que les affaires d'honneur sont cotées en bourse ? »

Oui, elles le sont. Les réalistes qui s'occupent de construire l'Europe sur des données à peu près exclusivement économiques et financières feraient bien de s'apercevoir, à temps, qu'ils sont en train de négliger dangereusement les personnes. Le marché n'est pas le tout de l'homme. Qui le dira avant que l'intérêt, qui nous rassemble, nous jette les uns contre les autres ?

Ce n'est assurément pas à moi, tout gaulois selon Tacite que je suis de temps en temps, qu'il revient d'enseigner les autres peuples européens. Leur culture vaut la mienne, et parfois davantage. Mais il paraît que je suis la nation la plus ancienne du vieux continent, et à ce titre il me semble, mes malheurs aidant, que j'ai quelque chose à dire d'utile sur les chances et les aléas de l'expérience humaine.

C'est une faiblesse, probablement. Excusez-moi d'être français.

Cet ouvrage a été composé par C.M.L., Montrouge
et achevé d'imprimer en juin 1992
sur presse CAMERON,
dans les ateliers de B.C.A.
à Saint-Amand-Montrond (Cher)
pour le compte de la Librairie Arthème Fayard
75, rue des Saints-Pères - 75006 Paris

35-57-8719-01/3
ISBN 2-213-02934-2
Dépôt légal : juin 1992
N° d'éditeur : 8876. N° d'impression : 92/220.

Imprimé en France